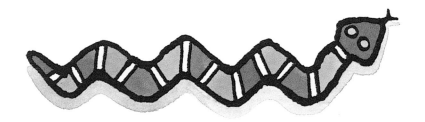

LA SERPIENTE Y EL DOLOR DE MUELAS

¡Tzuultak'a! Cuanquin arin rub'el laa mu, rub'el laa cuuk'b.
¡Oh, cerro del valle! Aquí estoy, bajo tu protección y tu espíritu.
Fragmento de una plegaria quiché

La serpiente y el dolor de muelas está basado en *Mitos de Guatemala,* Anónimo. The Museum Journal 6, no. 3 (1915); 103-144.

Este es un relato de los maya quiché de Guatemala.

© 2002 Rourke Publishing LLC

ILUSTRACIONES © Charles Reasoner

Library of Congress Cataloging-in-Publication Data

Lilly, Melinda.
   The snake's toothache / retold by Melinda Lilly;   illustrated by Charles Reasoner.
      p. cm.—(Latin American tales and myths)
   Summary: An old witch who lives in a cave in a volcano with a fiery snake uses her wits to keep the serpent from destroying her village.
   ISBN 1-58952-194-3
   1. Kekchi Indians—Folklore. 2. Tales—Guatemala. [1. Kekchi Indians—Folklore. 2. Indians of Central America—Guatemala—Folklore. 3. Folklore—Guatemala.]
I. Reasoner, Charles, ill. II. Title III. Series: Lilly, Melinda. Latin American tales and myths.
   F1465.2.K5L55 1999
   398.2'089'97415—dc21

                                                                                    98–12098
                                                                                    CIP
                                                                                    AC

Printed in the USA

Cuentos y mitos de América Latina

LA
SERPIENTE
Y EL DOLOR DE MUELAS

Mito maya

Recreado por
Melinda Lilly

Ilustrado por
Charles Reasoner

Adaptado al español por Queta Fernández

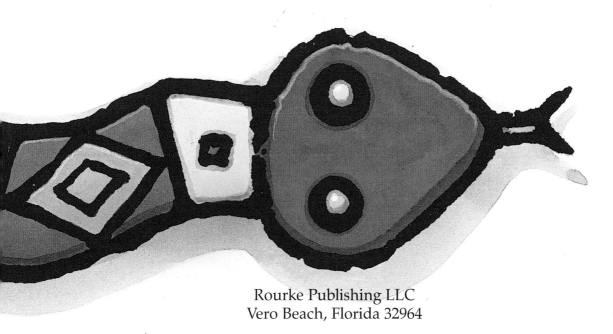

Rourke Publishing LLC
Vero Beach, Florida 32964

Hace mucho, mucho tiempo, había una serpiente llamada Canti, tan grande y tan temible como el mismo volcán en que vivía. Para suerte de todos, Canti dormía la mayor parte del tiempo enroscada en él.

En la base del volcán tenía su cueva una vieja bruja llamada Passa. Pequeña, gordita y con ojos risueños, parecía más una abuelita que una bruja. Solamente su largo pelo revelaba su poder. De tanto cuidar de la serpiente y del volcán, su pelo ya no era liso y se había vuelto gris como la lava fría.

Todas las mañanas, Passa le dedicaba a Canti sus cantos mágicos le encendía incienso *pom* para ayudarla a quedarse dormida. "¡Oh Canti! Tus sueños serán deliciosos." El aromático humo subía hasta lo alto del volcán, perfumaba el aire y Canti con los ojos cerrados, respiraba profundo y daba un gran bostezo.

Canti no era la mascota de Passa, aunque muchas veces Passa la acariciaba y le daba jugosos mangos. Tampoco era su enemiga, a pesar de que Passa sabía que si Canti se despertaba, su vida y la de la gente del pueblo correría peligro. Canti, la serpiente, era el poder y la magia con que Passa ayudaba a su gente.

"Canti, necesito tu ayuda" dijo Passa mientras soplaba el incienso para producir más humo. "Me han dicho que el cacique Pec esta enfermo. Con tu poder y mis cantos, lo curaremos."

Passa se amarró su *ik'é* alrededor de la cintura, metió varias yerbas medicinales en una bolsa tejida y apagó el incienso.

Salió de su cueva y se dispuso a cruzar el verde valle. "Duerme, Canti. Regresaré cuando Pec esté completamente curado."

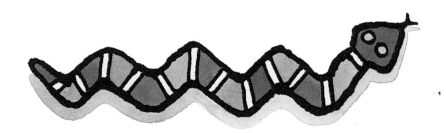

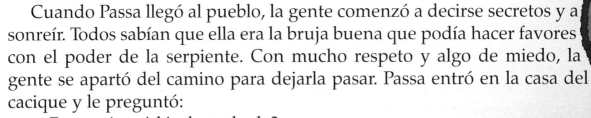

Cuando Passa llegó al pueblo, la gente comenzó a decirse secretos y a sonreír. Todos sabían que ella era la bruja buena que podía hacer favores con el poder de la serpiente. Con mucho respeto y algo de miedo, la gente se apartó del camino para dejarla pasar. Passa entró en la casa del cacique y le preguntó:

—Pec, amigo, ¿dónde te duele?

—¡Ay! En mi boca, mi querida bruja —dijo Pec hablando con los dientes apretandos y echándose para atrás—. ¿Crees que debo comer maíz para sanarme?

—¡Calla! —le dijo Passa a la vez que le hacía abrir la boca y buscaba la luz del sol para mirarle las muelas—. Esta vez el maíz no será de ayuda. El gusano *xul-hé* está cavando en tu muela. Utilizaré el poder de Canti, la serpiente, para hacer que se vaya.

"Gracias" dijo Pec. La gente del pueblo se inclinó para mirar dentro de la boca del jefe. Sus cejas fruncidas eran señal de que debían retirarse.

Passa sacó una cuantas hojas de yerba *quejen* de su bolsa y las puso sobre la muela adolorida. Con voz ronca y lejana habló así: "Canti, serpiente que dormitas en el volcán Kankuén, déjame usar tu poder." El volcán contestó con un rugido.

Passa tomó un pedazó de su *ik'é* y lo amarró a la muela del cacique, sopló y comenzó a cantar:

> Haz lo que te ordeno, xul-hé.
> Vete lejos, muy lejos.

Tiró de la soga y ¡pop! la muela y el gusano invisible salieron disparados de la boca del cacique. De un soplido Passa los hizo volar hasta el volcán Kankuén.

"¡Ayyyyy!" dijo Pec, "¡Qué alivio!"

Passa sonrió complacida.

Todos salieron a despedir a Passa y la acompañaron hasta el final del camino. Al llegar a la entrada de la selva, el cacique Pec sacó incienso *pom* de debajo de su sombrero de plumas y se lo entregó a Passa como señal de agradecimiento. "Gracias, *ilonel tuul*." La curandera tomó el incienso, que estaba cuidadosamente envuelto en hojas de plátano y contestó: "No he sido yo. Ha sido el poder de la serpiente".

13

Passa atravesó el valle mientras miraba el volcán con admiración. Canti dormía enroscada entre las plantas y su cabeza descansaba en el cráter. Tenía los ojos cerrados y de su boca de lava caliente salió un ronquido.

Cuando Passa llegó al pie del volcán, Canti dejó escapar una nube de humo con olor a huevo podrido. Tapándose la nariz, Passa le dijo: "¡Canti, gracias por dejarme usar tu poder para curar al cacique Pec! ¿Crees que podamos hacer algo para mejorar tu aliento?".

De pronto, todo se detuvo.

SSSsssssssssssSSSSSSSSSSsssssssSSSSSSsssSSSSSSSSSSSssssssssSSSSSSsssSSSsss

Canti se despertó. Silbando, se desenroscó poco a poco, sacudiendo la tierra. Comenzó a lanzar bolas de fuego y la tierra tembló.

"Me duele una muela" dijo abriendo los ojos. "Tengo que comer para curarme y tú, *ilonel tuul*, bruja curandera, me servirás de comida."

Se arrastró montaña abajo como un río de lava.

sssssssssssssssssssSSSSSSSSSSSSSSSSSSSSSSSssssssssssssssssss

Passa corrió a su cueva y comenzó a prepararse para la llegada de Canti. Encendió velas e incienso, se aseguró su *ik'é* mágico alrededor de la cintura y tomó un puñado de ceniza del fuego. El techo de la cueva se desprendía a pedazos.

Utilizando la punta de su cinto mágico como pincel y la ceniza como pintura, dibujó un bote y un remero en el centro de la cueva. Canti se acercaba más y más. La gran cabeza de Canti no cupo por la puerta de la cueva. Tratando de alcanzar a Passa con la lengua, le habló así:

—Tú eres *ilonel tuul*. Ves lo que otros no ven, curas y pones magia en todo lo que tocas. Estoy adolorida y tú serás mi medicina.

—El maíz te sanará —dijo Passa tratando de distraer a Canti para poder terminar su trabajo.

—¿Desde cuándo las serpientes comen maíz? —Su voz retumbó en la cueva—. Mi comida serás tú.

—Me dejaré comer, poderosa Canti —dijo mientras, sus manos se apuraban para terminar sus dibujos en el suelo—. ¿Estás segura de que eso te curará el dolor? ¿Por qué no pruebas *quejen*, una de mis yerbas mágicas?

—¡NO!

—Cumpliré con tu deseo, Canti —dijo Passa—. Dame unos minutos para arreglar mis cosas.

Rápidamente, Passa se sentó sobre el bote y comenzó a cantar para atraer el poder de Canti:

Tzuultak'a! Cuanquin arin sa' laa sakoonac pec!
¡Oh, cerro del valle! Mírame aquí en tu cueva.

Passa lanzó una pizca de cenizas sobre su cabeza y el bote y el remero comenzaron a cobrar vida a tal velocidad, que Canti no se dio cuenta cuando el bote pasó sobre su cabeza, salió de la cueva y se deslizó sobre sus escamas de lava.

anti se enfureció cuando se dio cuenta de que Passa había escapado. La vio saltar del bote y correr hacia la selva, al pie del volcán. Canti se sacudió con un gran rugido y el bote y el remero cayeron en la lava caliente, haciéndose cenizas.

—Usaste mi poder para escapar —la voz de Canti se oyó en toda la selva—. ¡Nunca más lo usarás! La gente del pueblo pagará por tu traición.

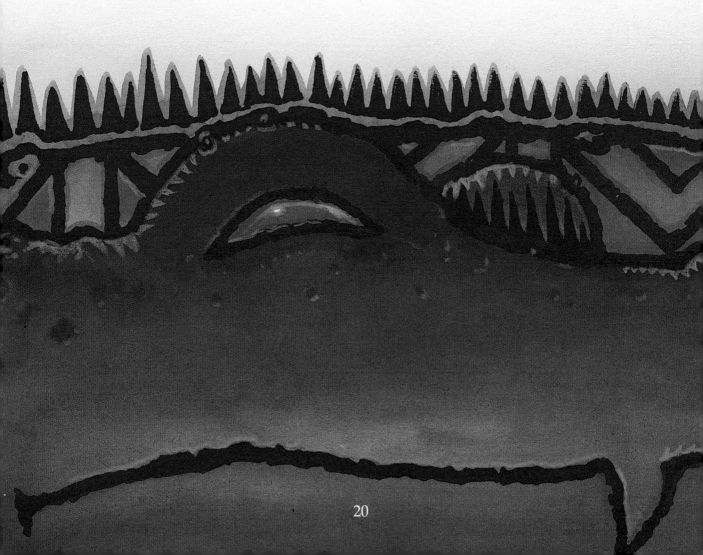

—¡No! —gritó Passa. No podría soportar que por su culpa sufrieran sus amigos del pueblo—. Regresaré si me prometes no hacer daño, volver al volcán Kankuén y dormir como antes.

Canti pensó por un momento lo mucho que le divertiría ver el fuego arrasar todas las casas; pero el dolor de muelas era cada vez más fuerte.

—De acuerdo, Passa. Con la condición de que me quites el dolor de muelas.

Canti se arrastró enroscándose alrededor de la montaña y se puso a esperar por Passa.

21

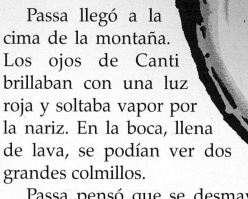

Passa llegó a la cima de la montaña. Los ojos de Canti brillaban con una luz roja y soltaba vapor por la nariz. En la boca, llena de lava, se podían ver dos grandes colmillos.

Passa pensó que se desmayaría por el calor y el olor a huevo podrido, pero se inclinó para examinar la inmensa boca y le dijo a Canti:

—Soy tu *ilonel tuul*, Canti. Puedo ver lo que otros no ven. Si me comes, no podré ayudarte.

—¡No trates de engañarme otra vez! —dijo la serpiente desconfiada.

—Me puedo ir si quieres, pero el dolor de muelas se quedará contigo —continuó hablando sin miedo—. El *xul-hé* se ha metido en uno de tus colmillos. Yo curé al cacique y también te puedo curar a ti.

—¡No más engaños! —repitió Canti, resoplando fuego.

Passa no le dio tiempo a Canti a decir otra palabra. En un segundo amarró el colmillo enfermo con un pedazo de su *ik'é* y le hizo un nudo apretado. Lo cubrió de yerba *quejen* y repitió sus palabras mágicas:

Haz lo que te ordeno, xul-hé.
Vete lejos, muy lejos.

Passa dio un buen tirón. Nada. El colmillo no se movió. Con todas su fuerzas, lanzó la soga y la enganchó en una nube. Passa comenzó a escalar, sin acordarse de sus huesos viejos. Una mano primero, un pie después.

"¡Ajá! Tratando de escapar." dijo Canti lanzando una llamarada que subió y chamuscó las ropas de Passa. Ella, de un salto, logró subirse a la nube.

Sabía que tenía que usar su propio poder mágico. Canti estaba furiosa y no la ayudaría esta vez. Enroscó la soga en sus manos, se afincó con los talones y dio otro tirón. Passa se hundió en la nube hasta las rodillas. El colmillo ni se enteró.

Passa tomó entonces uno de sus largos y plateados cabellos y lo enroscó al pedazo de *i'ké*. En medio de sus poderosos cantos gritó a todo pulmón: "¡Lárgate, *xul-hé*! Te lo ordena Passa, *ilonel tuul* del volcán de Kankuén."

Passa vio como el inmenso colmillo y el gusano xul-hé saltaban de la boca de Canti, volaban sobre su cabeza y se hundían chisporroteando en la lava ardiente.

—¡Aaah, me ssssssssssiento mucho mejor!" —dijo Canti y se pasó la lengua por el hueco donde antes estaba su comillo—. Te dejaré vivir un poco más, vieja hechicera.

—Me alegro de que así sea —dijo Passa, tranquilamente, como si hubiera acabado de hacer una de sus pociones. Se deslizó por la soga hasta el volcán y mirando fijamente a los ojos de la serpiente le dijo:

—Ahora, ¡a dormir!

Los ojos de Canti comenzaron a cerrarse.

—¿Podrías ayudarme con alguno de tus cuentos? le pidió Canti.

—Había una vez, una serpiente…

Canti comenzó a respirar profundamente. Passa no había terminado cuando ya Canti estaba roncando.

ZZZZZZZZZZZZZZZZZZZZZZZZZZZZZZZZZZZZZZZZZZZZZZZZZZZZZZZZZZZZZZZZZZ!

Passa le dió a Canti dos palmaditas en la cabeza y comenzó a descender la montaña de camino a su casa. La *ilonel tuul* más poderosa había curado otro dolor de muelas.

31

GLOSARIO

Canti: Serpiente mitológica quiché

i'ké: Fibra vegetal tomada de un cactus llamado agave

ilonel: Médico o curandero

Kankuén: Volcán con poderes mágicos según los quiché de Guatemala.

Maya: Gran civilización de Centro América, su gente y su lengua

Passa: Nombre quiché

pom: Incienso hecho con copal resina que se extrae de diversos árboles tropicales .

quejen: Hierba medicinal usada por los quichés para curar los dolores de muelas.

quichés: Mayas del sur de Guatemala y su lengua

tuul: Bruja, hechicera

xul-hé: Los quichés creían que los dolores de muela eran producidos por el gusano *xul-hé* que cavaba en las muelas y sólo podía ser visto por el *ilonel*.